SOISSONNAIS — BRETAGNE

S[T] YVES *alias* S[T] YVED

NOTES ET SOUVENIRS

MÉMOIRE

Présenté au Congrès de l'Association Bretonne, séant à Dinan le 1er Septembre 1890

PAR

LE BARON DE WOLBOCK

CHEVALIER DE LA LÉGION D'HONNEUR
MEMBRE DE L'ASSOCIATION DEPUIS 35 ANS

(KERCADO-MORBIHAN)

PARIS
SOCIÉTÉ ANONYME DE PUBLICATIONS PÉRIODIQUES
P. MOUILLOT, Imprimeur
13, QUAI VOLTAIRE, 13

1890

SOISSONNAIS — BRETAGNE

S^T^ YVES *ALIAS* S^T^ YVED

NOTES ET SOUVENIRS

PARIS. — IMP. P. MOUILLOT, 13, QUAI VOLTAIRE. — 43876

SOISSONNAIS — BRETAGNE

S^T YVES *ALIAS* S^T YVED

NOTES ET SOUVENIRS

MÉMOIRE

Présenté au Congrès de l'Association Bretonne, séant à Dinan le 1er Septembre 1890

PAR

LE BARON DE WOLBOCK

CHEVALIER DE LA LÉGION D'HONNEUR
MEMBRE DE L'ASSOCIATION DEPUIS 35 ANS

(KERCADO-MORBIHAN)

PARIS
SOCIÉTÉ ANONYME DE PUBLICATIONS PÉRIODIQUES
P. MOUILLOT, Imprimeur
13, QUAI VOLTAIRE, 13

1890

SOISSONNAIS — BRETAGNE

S^T YVES *ALIAS* S^T YVED

Il est fort difficile au milieu des multiples légendes de retrouver exactement la vie de ce saint fort migrateur, mais certainement homme des plus éminents, ayant su dans l'obscurité du XIIe siècle enseigner en divers lieux la justice, le droit, le devoir, la théologie ; et faire pénétrer de la lumière dans des ténèbres obscures.

Aussi n'est-il pas étonnant de retrouver son souvenir un peu partout, de même que celui de notre *saint Cado* breton, venu miraculeusement porté par les flots de la grande à la petite Bretagne, puis emporté dans un nuage, finissant sa vie terrestre, évêque de *Bénévent*.

Non loin de *Soissons*, les chefs *celto-francs* descendus des embouchures du Rhin établirent la principale des vastes résidences rurales et militaires, plutôt fermes fortifiées que palais, dont la tradition reste encore apparente, et que A. Thierry a si admirablement décrites. Ce fut le germe brutal et fécond d'où devait naître la patrie française, cette *fusion* sans pareille de races diverses, mission admirablement accomplie par les rois héritiers de ces chefs *primitifs*. Ces guerriers étaient les vaillants fils des enthousiastes soldats que la *Velléda* historique de *Gebdula* (Gueldre) entraîna contre l'invasion romaine, ainsi que bien des siècles plus tard leurs descendants acclameraient la *Velléda Jeanne* délivrant la France des invasions anglaises! L'une périt de faim enchaînée aux murailles de la prison mamertine, l'autre brûlée par un clergé simoniaque sur le bûcher sacrilège de Rouen!

Cette résidence, berceau de notre unité nationale, fit place à un sanctuaire oublié mais jadis illustre sous le vocable du grand civilisateur justicier et savant, *saint Yves*. Nombre de princes de la Lignée royale tinrent à se faire inhumer là, ainsi que les plus illustres seigneurs *du Pays et de Bretagne*.

Dès 580, il se tint, dans la basilique primordiale, sous la présidence de Chilpéric, le concile où Grégoire de Tours dut se défendre d'avoir accusé la reine Frédégonde d'adultère avec Bertrand, évêque de Bordeaux.

Ce lieu dont il serait long d'énumérer les souvenirs historiques, est la jolie petite cité de *Braine-sur-Vesle* (Aisne). Mais nous ne voulons ici, que rappeler sommairement la gloire rayonnante que partagea en cette contrée *saint Yves* avec saint Jean des Vignes de Soissons, puis son oubli, les mutilations et le salut de ce qui subsiste de son sanctuaire.

En 1130, André de Baudimont et sa femme, Agnès de Braine, durent sévir contre le relâchement des Clercs desservant la collégiale de leur château de Braine; et ils en supprimèrent le chapitre.

Alors ils substituèrent aux chanoines séculiers des chanoines réguliers de l'ordre puissant des *Prémontrés*, qui devait illustrer l'Ile-de-France par sa science, ses œuvres, sa puissance. Ils les comblèrent de dons et les chargèrent de commencer une nouvelle église pour y déposer les *reliques de saint Yves* gardées dans la collégiale en bois du château.

Ce fut l'œuvre magnifique des nombreuses

générations où princes et religieux rivalisèrent de zèle. Les comtes de Braine et les Chastillon y apportèrent de nombreuses reliques d'Orient dans des châsses d'or, de cristal, de tissus précieux brodés de gemmes et pierres fines formant une auréole à celles de *saint Yves*.

Bientôt les princes de la Maison royale de France eux-mêmes choisirent cette abbaye pour lieu de sépulture. Les Prémontrés y eurent la garde de dix tombes royales et ne cédaient rien en renommée aux Bénédictins chargés de la garde des tombeaux de Saint-Denis.

Des vitraux donnés par des souverains de France et d'Angleterre étaient si remarquables que leurs *débris* sont l'ornement de divers musées !

Les rapines des Espagnols venaient continuer jusque dans le Soissonnais leurs abominables pillages des Pays-Bas ; les invasions, les incendies, les révolutions, dispersèrent ou détruisirent tant de richesses artistiques. Pourtant il en restait d'admirables vestiges et le rétablissement entier du monument était encore possible lorsque vers 1820, des administrateurs vandales, tant par ignorance que par dédain affecté du passé, imaginèrent, au nom de la ville de Braine, de démolir l'œuvre des siècles pour, avec les matériaux, construire une église paroissiale.

Par bonheur il se trouve que le curé doyen de Braine, à cette époque l'abbé Beaucamp, pénétré d'indignation devant cette entreprise sacrilège, fit appel à des amis capables d'arrêter une destruction déjà *commencée*, puis d'obtenir la consolidation du restant et son affectation comme église paroissiale. La tâche fut difficile et il y fallut un grand dévouement, tant les *destructeurs* étaient acharnés et le roi trompé. Heureusement l'abbé Beaucamp trouva cette assistance *nécessaire* près du baron de Wolbock, alors inspecteur général de la Maison du roi. Ensemble, ils surent émouvoir le vénérable duc de Montmorency, l'évèque de Soissons, et obtenir du gouvernement l'assurance des fonds nécessaires au rétablissement de cette abbaye mutilée, dévastée, mais encore témoignage éclatant de l'art et de la foi de ses créateurs.

Ainsi que nous venons de le dire, ce fut en 1130 que les religieux prémontrés se mirent à l'œuvre, associés aux ouvriers par une *franc-maçonnerie* chrétienne à laquelle on doit la plupart des grands édifices religieux. Ces ouvriers passaient leur vie campés autour de l'église à édifier, — ils étaient affiliés à un ordre religieux — travaillaient par amour de Dieu et passion de leur métier, qui ainsi devenait de l'*art*. Les plus grands chefs d'ordre tenaient à honneur d'être liés à cette corporation des *francs-maçons*, dont les frères *laïcs et clercs* étaient unis par un contrat solidaire d'hospitalité.

Dès 1156, Gervais et Nicolas de Chastillon donnèrent pour cette construction toute la terre de Courtiau. En 1505, Pierre de Chastillon d'Harzillemont, puis ensuite divers de Wolbock, vicomtes de Limé, leurs descendants, y ajoutent des donations considérables.

Nous avons signalé l'état de dégradation encore réparable où se trouvait l'Église en 1820.

Voici quelques extraits de documents authentiques prouvant la difficulté qu'il y eut à les arracher aux destructions haineuses des uns et aux exploitations honteuses de spéculateurs effrontés voulant dépecer les matériaux afin de s'enrichir du butin !

Extrait d'une délibération du conseil d'administration de la Fabrique de l'église paroissiale de Braine, arrondissement de Soissons. (Séance du 26 décembre 1827.)

... Le conseil partageant les nobles sentiments exprimés par M. le curé doyen de Braine et les motifs qui les ont inspirés; considérant que M. le baron de Wolbock, inspecteur général de la Maison du roi, a rendu à la Fabrique et à la ville de Braine des services éminents, en contribuant à obtenir du gouvernement la réédification de l'église Saint-Yves;

Arrête à l'unanimité, que le nom de M. le baron de Wolbock sera inscrit sur une pierre à l'un des piliers de la susdite église de Saint-Yves, comme ayant puissamment aidé à cette étonnante restauration.

Délibéré en conseil, etc...

Signé : CHATEON,
Secrétaire.

Braine, 5 mai 1828.

A monsieur le baron de Wolbock.

La cérémonie de la pose de la première pierre des travaux de restauration de *notre* Église aura lieu jeudi 8 courant, en présence de Mgr l'évêque de Soissons, de M. le Préfet et de toutes les autorités judiciaires, ecclésiastiques, civiles et militaires du département.

Tous les habitants de Braine et moi en particulier, nous vous attendons. Venez, je vous en supplie, et daignez agréer l'hommage de nos sentiments respectueux.

Le curé doyen de Braine,

Signé : Beaucamp.

Les travaux commencèrent alors, mais toujours sous une direction hostile et ignorante. Puis survint le Gouvernement de 1830, qui en motiva l'arrêt, et permit la démolition *barbare* d'une partie de la nef et du portail merveilleux qui avait fait l'admiration des vieilles générations.

Les hommes dévoués qui avaient commencé

l'œuvre de salut, s'efforcèrent de nouveau en dépit de nombreuses hostilités et des plus graves difficultés d'arracher à la destruction ce qui subsistait encore. Ils obtinrent d'abord la suspension des démolitions, puis la reprise des travaux les plus indispensables à la *portion* encore debout de l'antique abbatiale, qui enfin put être rendue au culte en 1837. Mais malheureusement, mutilée, défigurée, fracturée, comme par une malveillance voulue, dénaturant obstinément tous les efforts des courageux promoteurs. Puis, pour terminer, les directeurs des travaux firent abattre la flèche élégante et sa balustrade en dentelle de pierre qui étaient parfaitement conservées.

Après toutes ces mutilations, le gouvernement fit enfin la remise de l'église à la Fabrique et le clergé en prit possession le 18 juillet 1837.

Depuis lors et malgré ses mutilations, l'église *Saint-Yves* fut classée au nombre des *monuments historiques*, et il est permis d'espérer de l'oubli des querelles surannées et de l'intelligence artistique de gouvernements impartiaux, qu'un jour le rétablissement du portail et la restauration de la nef lui rendront une partie de sa splendeur passée.

Extrait du procès verbal de la prise de possession.

Ce jourd'hui, mardi 18 juillet 1837, Mgr Simony, évêque de Soissons, s'est transporté en la ville de Braine, pour y bénir et consacrer de nouveau au Seigneur, l'ancienne église royale de *Saint-Yves* rendue à sa pieuse destination après une interruption de quarante-quatre années.

A son arrivée, annoncée par le son des cloches, monseigneur a été reçu au presbytère par M. l'abbé Beaucamp, curé doyen de Braine, chanoine honoraire du chapitre royal de Saint-Denis, en présence de M. Deporte, sous-préfet de l'arrondissement de Soissons, de M. le baron de Wolbock, ancien inspecteur général de la Maison du roi Charles X, de Mme la comtesse d'Escars, de MM. les curés du canton et de l'arrondissement, et de MM. les administrateurs de la Fabrique.

Extrait d'une lettre du curé de Braine au baron de Wolbock.

Braine, 27 octobre 1856.

... Vous avez la bonté de vous souvenir des prières que j'ai été heureux d'adresser à Dieu, le jour du mariage de votre fils avec Mlle de la Grandière. Je n'ai fait qu'acquitter une dette. N'êtes-vous pas le *bienfaiteur* de *notre* Église? N'avez-vous pas été le *promoteur le plus actif de sa restauration?*

Votre nombreuse correspondance avec feu M. l'abbé Beaucamp, que je *conserve précieusement* parmi les *archives de Saint-Yves*, n'atteste-t-elle pas le *rôle et le succès* de vos infatigables démarches en faveur de cette royale Abbaye.... Si vous avez la modestie d'oublier vos bienfaits, je ne serai pas moi assez ingrat pour en perdre la mémoire...

Daignez agréer, monsieur le baron, l'assurance du profond respect et la vive reconnaissance avec lesquels.....

Signé : LECOMTE,
curé doyen de Braine.

Lors du décès du baron de Wolbock, son fils reçut la lettre dont l'extrait suit et qui clôt cette série des témoignages, intéressant la restauration de *Saint-Yves*.

Braine, 5 juin 1861.

A monsieur le baron de Wolbock, au château du Plessis-Guignen (Ille-et-Vilaine).

J'ai l'honneur de vous faire part d'une décision du conseil de Fabrique de l'église *Saint-Yves* de

Braine au sujet de feu M. de Wolbock, votre père, que nous avons tant de motifs de considérer comme *insigne bienfaiteur* de notre église.

Je m'estimerai heureux si le *témoignage de gratitude* que notre Fabrique a résolu de payer à la mémoire de monsieur le baron votre père, peut contribuer aussi à adoucir votre si légitime douleur.

J'ai l'honneur de vous informer que le *lundi* 17 *juin* courant, un *service solennel sera célébré dans l'Église Saint-Yves de Braine* pour le repos de l'âme de M. le baron de Wolbock, en reconnaissance du service signalé qu'il a rendu à notre Église pour obtenir de Sa Majesté Charles X, la restauration de *Saint-Yves*.

Veuillez......

Le curé doyen de Braine,

Signé : LECOMTE.

Qu'il nous soit encore permis de reproduire l'extrait suivant d'une lettre du maire de Braine, qui montre que le baron de Wolbock n'oubliait pas plus que le sanctuaire vénérable et les seigneureries d'alentour, jadis possédées par ses ancêtres, les intérêts de la ville où il était né en de sombres jours.

Mairie de Braine, 3 mai 1827.

Monsieur le baron,

Je tiens à vous témoigner toute la reconnaissance de la Ville, pour votre noble générosité, tant en mon nom qu'en celui de M. le juge de paix et des habitants de tout le canton de Braine. Le superbe tableau que vous avez bien voulu donner, décore aujourd'hui notre salle de justice de paix.

Veuillez donc, monsieur le baron, recevoir l'expression de notre gratitude au nom de notre commun pays, où jamais ne seront oubliées vos bontés et vos constantes obligeances.

Le maire de Braine,
Signé : Masure.

Le baron de Wolbock, fils du colonel du régiment de Soissons, baron de Wolbock, était né à Braine le 4 mai 1792; il perdit ses parents en bas âge. Il est inhumé dans un caveau de famille à Guignen, diocèse de Rennes. Les anciennes tombes familiales à *Limé joignant Braine* ont été détruites, mais la *litre* seigneuriale des *hauts justiciers* aux armes de Wolbock subsiste encore dans la vieille église. Il avait épousé en 1828 demoiselle de Launay dont plusieurs ascendants siégèrent à la Cour des comptes de Bretagne. Contrat signé par le roi et la famille royale le 26 juin 1827 au palais de Saint-Cloud. Mme de Launay eut une tante, Mme de *la Sorinière*, guillotinée tandis que ses jeunes filles furent fusillées au Champ-des-Martyrs, près Angers.

Elle mourut d'un cruel accident, le feu ayant pris à ses vêtements.

A cette occasion Mgr le comte de Chambord écrivit au baron de Wolbock :

Frohsdorf, 2 octobre 1859.

J'ai frémi, monsieur le baron, en lisant les détails de l'affreux événement qui vous a enlevé votre vénérable belle-mère. Aussi est-ce de toute mon âme, croyez-le bien, que je m'associe en cette cruelle circonstance à votre affliction profonde et au deuil de votre famille entière. Celle que vous pleurez a puisé dans sa foi et dans sa résignation chrétienne comme dans l'héroïque fermeté de son cœur vendéen, le courage de faire à Dieu le sacrifice de sa vie, et vous puiserez vous-même dans ces nobles et religieux souvenirs les seules consolations qui puissent adoucir vos justes regrets. Soyez auprès de tous les vôtres l'interprète de ma douloureuse sympathie; et toujours comptez sur ma vieille affection.

Henri.

M. de Montiron, oncle de Mme de Launay, paya aussi son tribut à l'échafaud des *tyranneaux* d'Angers, aussi grotesques que sanguinaires (Voir Godard Feultrier.)

Son fils s'allia à Mlle de la Grondière, descendante d'une glorieuse lignée de marins bretons.

Si l'antique abbaye de *Saint-Yves* a pu être partiellement conservée, il n'en est pas de même des trésors et des admirables tombes qu'elle renfermait.

Ces chefs-d'œuvre de marbre, onyx, pierres dures, de cuivre et d'émaux, seraient totalement oubliés si l'on n'en retrouvait les dessins et les descriptions dans des documents manuscrits et peints d'une valeur inappréciable, parmi lesquels la collection *Gaignières* tient le premier rang. Une partie du portefeuille de ce savant archéologue est passée en Angleterre et se trouve à la bibliothèque *Bodléienne* d'*Oxford;* elle renferme les images des tombeaux de l'abbaye de Saint-Yved.

C'est là que M. Stanislas Prioux, enfant de Limé, a pu obtenir d'en prendre des calques pour sa superbe monographie de saint Yved de Braine et par ses soins aussi savants que généreux faire revivre l'œuvre merveilleuse de nos pères. Voici le sommaire de ces principales tombes :

1201

Agnès de Boudimont, dame de Braine.

En 1201, elle fonda à l'intérieur de son château un hôpital pour les pauvres, et y affecta ses vignes dépendantes de la *seigneurie* de *Courcelles* dont fut plus tard titulaire François de Wolbock par héritage de Chastillon.

1218

Robert II, comte de Dreux et de Braine, seigneur de *Fère en Tardenois*, où le connétable de Chastillon éleva le château dont les ruines sont encore visitées.

A côté de cette tombe, celles de Philippe de Dreux et de Braine évêque, pair du royaume, assistant au sacre de Philippe-Auguste en 1179.

Robert III, comte de Dreux et de Braine.

1250

Pierre de Dreux, comte de Braine et *duc de Bretagne*, sous le nom de *Pierre Mauclerc*. Il fut un des hommes les meilleurs ; le plus distingué et le plus méconnu de son temps.

Primitivement destiné à l'Église, l'on dut y renoncer parce qu'il se sentait *né pour les armes*. De là son surnom de *Mauclerc*. Mais, ainsi que le dit dom Lobinau en son *Histoire de Bretagne*, « ce qu'il avait appris de belles-lettres puis de lois ecclésiastiques servit, en lui donnant plus de lumières, à le rendre un ennemi plus redoutable de *la trop grande autorité du clergé*. On peut dire qu'il était le prince le plus habile de son siècle et qui avait le plus d'esprit. »

Duc de Bretagne par son mariage avec Alix de Thouars, héritière du duché, il subit une existence toujours agitée, voulant le bien et la justice; mais mal compris de son peuple, en guerre avec le clergé dont il réprimait les empiétements, combattant pour le Christ contre les Sarrasins, il ne goûta jamais de repos.

Il mourut en revenant d'Égypte où, avec son cousin Gaucher de Chastillon, il avait accompagné saint Louis (1250). Alix et Yolande de Bretagne, sa femme et sa fille, mortes en 1221 et en 1272, reposaient à côté de lui.

1264

Robert de Dreux comte de Braine, et Clémence de Châteaudun sa femme. Isabeau de Dreux épousa avec dispense de l'Église son cousin Gaucher de Chastillon, seigneur de Fère-en-Tardenois, connétable de France. D'où Gui de Chastillon de Blois, marié à Marguerite de France, sœur de Philippe de Valois. De cette union est issu :

Charles de Chastillon de Blois, duc de Bretagne par son mariage en 1337 avec Jeanne de Penthièvre.

Charles vécut comme un saint et mourut en héros. Jeanne de Penthièvre et Jeanne de Montfort poétisèrent les enthousiasmes et la lutte de chaque parti.

Ce fut le 29 septembre 1365 que Charles voulut, contre tous avis, livrer à Monfort et aux Anglais la bataille d'Auray, où il succomba en dépit de son héroïsme secondé par celui de Du Guesclin, luttant avec vaillance égale contre Monfort, Olivier de Clisson et Chandos, le meilleur capitaine des Anglais.

Il avait dès le matin le pressentiment de cette issue funeste, et revêtu du cilice sous son armure, il se prosterna longtemps devant un crucifix avant de ceindre son épée de combat, répétant à haute voix sa prière accoutumée :

« Dieu soit beny pour tout ce qu'il envoye. »

Cette grande page d'histoire est rappelée non loin de là, sur une remarquable *verrière*, donation faite par la famille de Wolbock à l'église Saint-Cornely de *Carnac*.

1274

Marie de Bourbon, femme de Jean, comte de Dreux et de Braine.

Jardel décrit ainsi ce monument : Haute tombe de cuivre doré avec profusion de rosettes. Autour de la base trente-six statuettes d'un pied de haut portant en lettres d'or émaillé les noms des Alliés de la princesse, représentés chacun avec leur écusson également en or et émaux. Le dessin en couleur a été calqué à la Bibliothèque Bodléienne par M. Prioux.

Les Espagnols furent les premiers bandits sacrilèges qui pillèrent et mutilèrent ces trésors archéologiques, lors de leurs fréquentes incursions des Pays-Bas jusqu'en Ile-de-France.

XIVe, XVe et XVIe SIÈCLES.

Nombre d'autres tombes dont nous ne citerons que les principales:

Robert IV, comte de Dreux et de Braine, Simon de Roucy et Marie de Chastillon, sa femme.

Cuivre, marbre, or et émaux ; à l'entour est écrit :

« Leur fit faire cette sépulture Mgr Jehan de Roucy, évêque et duc de Laon, comte d'Anisy Pers (*sic*) de France, leurs fils. »

Hugues de Roucy, comte de Braine, fils de Marie de Chastillon, et Blanche de Coucy, sa femme.

Leurs statues de grandeur naturelle couchées sur le marbre; armures et vêtements en émaux. La coiffure de Blanche de Coucy toute chargée de pierres précieuses.

Tout le monde sait la puissance de cet illustre race dont la devise disait :

« Roi ne suis, ne prince, ne duc, ne comte aussi ; je suis le sire de Coucy. »

Les touristes visitent encore les ruines de leur forteresse avec son énorme tour connue sous le nom de *pot à beurre* des *sires de Coucy*. Par-dessus tout cela plane l'amour, plus connu encore que ses exploits, du châtelain qui tant aima, et fut aimé de la belle Gabrielle de Vergy. Mortellement blessé devant Saint-Jean-d'Acre, en 1191, il charge son écuyer de porter son cœur à Gabrielle; son mari, le sire de Fayel, s'en saisit, le dissimula dans un plat qu'elle mangea; puis après la révélation de cette cruelle vengeance, elle se laissa mourir d'inanition déclarant « qu'après si précieux aliment, oncques elle ne goûterait autre chose ».

Un autre beau tombeau renfermait Simon et Hugues de Roucy, enfants des précédents.

Jean VI, comte de Roucy et de Braine, tué à Azincourt en 1414.

Marbre, jaspe et or.

Les cartulaires de Gaignières, du père Mathieu Herbelin, divers obituaires, signalent encore beaucoup d'autres tombes ; nous y relevons les noms suivants :

Jean de Chastillon d'Harzillemont, de *Loupeigne.*

Jean II de Chastillon d'Harzillemont, de *Branges* et de *Loupeigne.*

Pierre de Chastillon d'Harzillemont, mort en 1495. Marbre et écussons émaillés contre le chœur de l'église.

Desquels sont issus en descendance directe:

Charlotte de Chastillon d'Harzillemont, mariée le 12 juin 1577 à Nicolas de Wolbock dont le père, baron seigneur de franc-alleu en Gueldre, vicomte de Limé en Soissonnais; elle lui apporta les seigneuries et vicomtés de *Branges*, *Courcelles* et *Loupeigne.*

Marguerite de Chastillon d'Harzillemont, mariée le 18 juillet 1667 à son cousin François de Wolbock, vicomte haut justicier de *Limé;* vicomte de *Branges,* seigneur de *Loupeigne* et de *Courcelles.* Il avait constitué, par donation du 10 juin 1660, une rente à l'abbaye de *Saint-Yves.*

Les descendants actuels sont le baron et le vicomte de Wolbock, la baronne de Bonafos de Belinay et la comtesse de Bruc de Montplaisir, nées de Wolbock. — Cela est en mémoire de cette filiation que les écussons *écartelés de Wolbock-Chastillon* figurent héréditairement sur de nombreux sceaux et divers monuments; notamment, le château et l'église de Limé, le château et l'Enfen du Plessis de Guignen; la basilique de Saint-Anne d'Auray, l'église paroissiale de Saint-Corneille, ou Cornely, à Carnac, la chapelle de Kercado, Kerdrowras et autres lieux (Soissonnais et Bretagne): « de gueules à une fasce d'or qui est de Wolbock; de gueules à trois pals de vair au chef d'or chargé de trois merlettes de gueules; qui est de Chastillon; » casque de chevalier; cimier croix de Jérusalem.

Chaque branche de Chastillon charge le chef d'or de son écu d'attributs différents, la branche d'Harzillemont y mit les trois merlettes de gueules; toutes les autres pièces sont identiques pour toute la maison.

L'obituaire de Saint-Jean des Vignes de Soissons mentionne encore, « *Vernerabilis*, D. Wolbock de Limé. »

Divers de leurs ancètres ont aussi doté le pèlerinage de *Notre-Dame de Liesse*, et fondé à proximité l'hôpital de Beaurieux pour les pèlerins.

A mi-voie entre Braine et Limé, se dressent les tours et quelques vestiges de la forteresse du XIIIe siècle qui défendait la contrée. Postée sur un roc escarpé, on découvre là le vaste territoire où tant de souvenirs rappellent la *chevaleresque* race des Chastillon dont les seigneuries et celles de leurs proches parsemaient le pays ; y ayant laissé le souvenir de glorieuse vaillance et de grande bienfaisance.

Les derniers comtes de Braine furent : 1689. — Jacques de Durfort duc de Duras. Il n'eut que deux filles :

Jeanne, qui porte Braine à Louis de Lorraine, prince de Lambesc, sans enfant ; et Henriette-Julie, femme du comte d'Egmont, prince de Pignatelli.

Leur fils, dernier comte de Braine, a laissé dans le pays des souvenirs inoubliables de bonté et de générosité. Il était l'un des plus grands personnages de son temps. Voici ses principaux titres :

Comte d'Egmont, duc *de Gueldres* et *de Juliers* ; prince de Grave ; comte de Braine ; pair du pays et du comté d'Hainaut ; baron du Pont-Arcy ; prince de Clèves et de l'Empire ; duc d'Agrigente ; grand d'Espagne de première classe ; chevalier de la Toison d'or ; lieutenant-général des armées françaises ; était le dernier descendant en ligne directe des *ducs souverains de Gueldres* et le plus grand seigneur des Pays-Bas.

A la mort de sa mère, Julie de Duras, il hérita du comté de Braine et d'une immense fortune. Il fit de nombreuses fondations utiles, et lors de la famine de 1775 ordonna d'augmenter tous les salaires de ses ouvriers et de faire distribuer du blé.

Aux élections des députés pour les États généraux à Soissons en mars 1789, son nom fut acclamé. A l'Assemblée nationale qu'il présida plusieurs fois, il manifesta des opinions sages et modérées. Il vit pourtant avec regret l'abolition de *tous* les droits seigneuriaux le 4 août 1789 ; il y redoutait un trop brusque et complet changement.

Il portait une grande affection au colonel

baron de Wolbock, *doublement* son compatriote par les mêmes *origines gueldréennes*, puis par l'établissement de leurs ancêtres en *Soissonnais*. Il aimait à rappeler qu'un ancêtre du colonel de Wolbock avait joué sa tête pour la justice et la liberté, en signant avec les comtes d'Egmont et de Horn le compromis des nobles de 1566. Leurs compatriotes les aimaient et les appréciaient l'un et l'autre, car nous trouvons aux archives de l'État, section législative et judiciaire, la pièce que voici :

— Du procès-verbal de l'Assemblée des trois ordres du bailliage de Soissons tenu dans cette ville le 10 mars 1789 a été extrait ce qui suit.

Nous avons fait l'appel des *députés* desdits trois ordres :

Ordre de la noblesse, M. de *Wolbock.*

Dûment écrit : j'ai scellé et signé,

Directeur des archives :

ALFRED MAUREY.

Lors de la Terreur le vieux soldat criblé de blessures, héroïque en dix batailles et dix-neuf sièges, chevalier de Saint-Louis dès Fontenoy où il combattait près de son père, fut gardé par le respect et l'amour de ses concitoyens, qui tous les trois mois selon la rigueur des prescriptions signaient en grand nombre une demande et certificat de résidence à Braine pour « l'ancien colonel Wolbock ».

Il mourut laissant en bas âge son unique fils, père du baron de Wolbock actuel. Des parents éloignés sauvèrent les archives et souvenirs de famille. Entre autres le comte d'Aumale du Mont-Notre-Dame, près Braine, qui écrivant pour l'instruction de son parent disait dans une lettre du 5 mars 1807 :

La famille de Wolbock établie depuis trois siècles en Soissonnais y contracta des alliances avec les Chastillon d'Harzillemont, maison illustre. Je suis parent de M. de Wolbock et un de nos ancêtres a épousé dans le même temps une demoiselle d'Harzillemont. La *réputation militaire* de MM. de Wolbock aurait *illustré* une famille qui n'aurait pas eu comme eux les avantages de la naissance. Le père de l'enfant qui maintenant est le seul rejeton d'une si respectable race, avait le brevet de colonel, sa valeur brillante l'avait toujours fait distinguer à la guerre, il l'était de même sous tous les rapports et comptait des amis dans toutes les plus considérables maisons.

Le *comte d'Egmont, duc de Clèves, qui alors passait une partie de l'année à son château de Braine*, en faisait le *plus grand cas*. Je le rappelle parce qu'il avait une réputation de loyauté qui rend *son suffrage imposant*.

Signé : Comte d'AUMALE.

Dans une lettre postérieure, s'occupant toujours de l'avenir de son jeune parent, le comte d'Aumale écrit encore au duc de Larochefoucauld-Doudeauville, le 8 juillet 1816 :

.... Fils d'un ancien colonel également distingué par sa naissance et sa valeur, M. de Wolbock est issu d'une noble famille néerlandaise ; un de ses pères signa le compromis des nobles de 1566 avec ses amis les comtes d'Egmont et de Horn. — Dès le règne de *François Ier*, cette famille avait des établissements dans le Soissonnais, et un de ses ancêtres, commandant d'un corps de reitres, l'amena au service du roi de France. Ce que je dis est prouvé et connu dans toute la province.

Je puis d'autant plus l'attester que la famille de Wolbock est alliée à la mienne. Je serai d'autant plus heureux des succès de mon jeune cousin qu'il est digne sous tous les rapports de porter son nom.

Signé : Comte d'AUMALE.

Mont-Notre-Dame, 8 juillet 1816.

(*Déclaration semblable et authentique de* 1584.)

C'est le jeune de Wolbock dont parle cette lettre qui, inspecteur général de la maison du roi, fut heureux de s'employer à la conservation des vestiges de Saint-Yves.

Voici quelques notes sur les seigneuries des alentours de Braine, unies par les liens historiques de parenté et d'intérêts.

Mont-Notre-Dame. — Village de l'ancien Tardenois, bâti autour d'une colline abrupte. Diocèse de Soissons, à une lieue environ, tant de Braine que de Limé.

Les rois de France donnèrent ce village avec le titre de vicomté.

Il s'y tint *six conciles,* en 589, 960, 972, 973, 977 et 985.

Deux synodes en 1015 et 1023. L'église était protégée par un château-fort de grandes proportions.

En 1359, les Anglais pillèrent tout, église et château.

Charles VII le reprit en 1427.

Au XVIe siècle, les protestants brûlèrent les nouvelles constructions d'où l'on pouvait observer tous leurs mouvements.

Puis les Espagnols catholiques, à leur tour,

vinrent achever la destruction, dont l'admirable situation avait le malheur d'être un point stratégique de haute importance ; en ce pays incessamment exposé aux guerres, et aujourd'hui encore chemin de toutes les invasions!

Malgré tous ces ravages, les vestiges de l'ancienne abbatiale sont encore remarquables.

Le château avec plusieurs parcs, des jardins fertiles, son splendide horizon, s'est toujours relevé de ses ruines, et reste une des plus enviables résidences.

Nous allons donner rapidement le sommaire de ses seigneurs et vicomtes :

1102. — Gervais de Chastillon, vicomte du mont Notre-Dame.

1195. — Gautier, puîné de Nicolas de Chastillon de *Bazoches*, seigneur d'*Harzillemont*, de Coulonges et du mont Notre-Dame.

1220. — Gautier II de Chastillon.

1285. — Jean de Bazoches-Chastillon.

1288. — Simon de Bazoches.

1298. — Jean II de Chastillon, dit *Coquillard*, en raison de ses pèlerinages en Terre Sainte ; seigneur de *Villesavoir*, de *Loupeigne*, d'*Harzillemont*, ancêtre direct des de Wolbock.

1324. — Un autre Chastillon, chancelier de Philippe de France.

1454. — Jeanne de Moreuil, héritière des précédents, porte le mont Notre-Dame à Jean d'*Aumale*.

Continué sans interruption par ses descendants jusqu'à :

1690. — Louis III d'Aumale, marié à Michelle *de Chastillon d'Harzillemont*, qui lui apporte les seigneuries de *Branges* et de *Loupeigne*, passées ensuite à de Wolbock.

1720. — Louis IV d'Aumale.

1776. — Louis IV d'Aumale, capitaine de hussards, femme Ursule de Pomercie;

D'où est issu :

Louis-Antoine, comte d'Aumale, vicomte du mont Notre-Dame, maréchal de camp des armées du roi, chevalier de saint Louis, auteur de deux lettres précitées. Marié à sa cousine Rosalie d'Aumale, sous-gouvernante des Enfants de France (du roi Louis XVI).

De ce mariage, une fille unique qui mourut avant son père, au mont Notre-Dame, en 1818.

En eux s'éteignit la maison d'Aumale, ainsi que la branche de Michelle de Chastillon d'Harzillemont. Le baron de Wolbock, inspecteur général de la maison du roi, en était héritier.

Nous retrouvons dans nos archives, parmi des liasses de correspondance, une lettre datée de :

Mont Notre-Dame, 20 janvier 1830.

A monsieur le baron de Wolbock.

Mon cher cousin, il est impossible d'être plus sensible à la marque d'amitié que vous avez la bonté de me donner au commencement de cette année.

Mes vœux pour vous, mon cher cousin, ont la même vérité, je vous prie de les recevoir avec la même confiance. — Il me sera doux de vous voir heureux, mais c'est un lot bien rare *surtout pour ceux qui le méritent davantage.* — On doit croire que ce monde est un séjour d'épreuves pour les hommes dont le caractère et la conduite sont au-dessus des autres.

Rendez toujours justice au véritable attachement avec lequel je suis, mon cher cousin, votre

Signé : Comte D'AUMALE.

Limé (*Vicomté de*). — Mi-voie entre Braine et Jouaignes. Tout aux environs se trouvent Virly, Quincy, le mont Notre-Dame, Louastre, Tannières, Courcelles, Applincourt, Branges, L'Huys, Loupeignes. Les grandes ruines du château de Fère en Tardenois, qui fut la résidence du connétable de Chastillon, et où dès

1342. Guy de Chastillon signala l'esprit élevé de sa race par l'abolition de nombreuses corvées et la fondation d'établissements charitables.

Nous relevons dans les cartulaires des seigneurs vicomtes de ce lieu :

1290. — Nicolas de Chastillon de Limé.

1350. — Jeanne de Chastillon, dame de Condé et de Limé, mariée à Jacques de Bourbon, comte de la Marche, mort de blessures reçues à la journée de Brignais; et d'où sont issus *tous les Bourbons* encore existants.

1575. — Ancelot de Chastillon, de Condé et vicomte de Limé.

1577. — Nicolas IV de Wolbock, baron sur ses terres allodiales, seigneur du Loo et de Worms en Gueldre; — vicomte de Limé, seigneur de Mons et de Savigny. — Femme Charlotte de Chastillon.

1610. — Anthoine de Wolbock, vicomte de Limé et de *Branges*; seigneur de *Loupeigne*, de *Courcelles*, de *Mons* et de *Savigny*, femme Claude de la Font.

1647. — François III de Wolbock, vicomte de Limé et de *Branges*. — Seigneur de *Loupeigne*, de *Courcelles*, de *Savigny*, de *Mons*, sur un adveu et dénombrement rendu directement au roi; sont constatés ses droits de *haute*, moyenne et basse justice; convocation des plaids généraux. Droit à Procureur, Baillis, sous sa juridiction et tous autres, les plus étendus. Femme Marguerite de Chastillon d'Harzillemont sa cousine.

1678. — François IV de Wolbock, vicomte de Limé, etc. Puis Louis Antoine de Wolbock de Limé. — Femme Anne de Mercery. — Ils continuent lignée.

Divers fiefs dépendaient de Limé; notamment La Malmaison, Louastre, la Petite Cens, *Applincourt*, pour lequel messire d'Estemple, chevalier maréchal de France, rendit foi et hommage à Nicolas de Wolbock, vicomte de Limé, le 13 janvier 1588.

La *Litre* des seigneurs hauts justiciers aux armes de Wolbock « de gueules à une sasce d'Or », sommé du casque de chevalier et d'une croix du Saint-Sépulcre de Jérusalem, entoure encore l'église; de même que cet écusson a été maintenu sur le vieux château du *Loo, résidence actuelle des rois de Hollande*. En 1848, le baron de Wolbock ayant passé quelques jours au château du roi, ce souverain voulut bien lui faire remarquer qu'en restaurant l'ancien manoir il avait fait conserver les armes de Wolbock avec leur cimier, comme souvenir de leur ancienne seigneurie. Il ajouta gracieusement que leurs ancêtres ayant épousé des femmes de la même maison, ils étaient donc cousins.

La croix de Jérusalem en cimier se retrouve aussi sur tous les anciens sceaux de la famille de Wolbock comme souvenir des croisades auxquelles ils prirent part avec les princes de Gueldres. *L'Écusson de Chastillon*, qu'ils ont toujours conservé, en écartèlement, figure dans toutes les salles des croisades à Versailles, et dans tous les documents historiques.

L'aîné des de Wolbock a de tout temps préféré le vieux titre de *Baron*, *souvenir* de FRANC-ALLEU, à tous les autres.

Cela est logique, car dans les capitulaires de Charlemagne, *Alleu* est toujours *opposé* à *Fief*, parce que le Fief reconnaît un seigneur supérieur, tandis que les biens de *franc Alleu comme* étaient ceux des de Wolbock en Gueldre restaient *absolument indépendants* (voir aux archives).

Le 72e titre de la loi salique dit formellement que le mot *Alleu* désigne des fonds héréditaires dont l'homme *complètement libre* dispose à son gré, SANS AUCUN CONTRÔLE DE SUZERAINETÉ.

C'est pourquoi les de Wolbock ont toujours mis avant toute autre leur qualité d'*Homme libre*, soit baron ou de *franc-alleu*.

Divers seigneurs ont relevé d'eux, mais ils n'ont jamais relevé que des Rois de France *directement;* tandis qu'en *Gueldre* ils ne relevaient de personne

Voici le sommaire de quelques chartes provenant des archives de Limé :

12 juin 1577. — Contrat de mariage de Nicolas de Wolbock avec Charlotte de Chastillon.

1584. — États certifiés des services rendus par les sires de Wolbock dans les armées des rois de France, remontant à François Ier.

13 janvier 1588. — Actes de foi et d'hommage rendus à de Wolbock, vicomte de Limé.

2 janvier 1609. — Arrêt de la *cour des Aydes* confirmatif de tous droits et prérogatives en faveur des de Wolbock.

15 février 1617. — Contrat de mariage d'Antoine de Wolbock, vicomte de Limé, officier des gardes du corps du Roi, seigneur vicomte de Branges, de Loupeigne, de Courcelles, etc., avec Claude de la Font.

1600 à 1630. — Nombreux actes privés, constatant la possession des seigneuries de *Branges*, *Loupeigne*, *Tanières*, *Courcelles*, *Mons*, *Savigny*, etc.

2 juillet 1635. — Convocation du ban et de l'arrière-ban de Soissons; François de Wolbock y est qualifié enseigne de la compagnie de Beaumont; Antoine de Wolbock y est déclaré absent en raison de son *service près du Roy*.

13 juillet 1659. — Contrat de mariage de François de Wolbock avec Marguerite de Chastillon.

Nombreux partages et inventaires intéressant les seigneuries des environs.

10 juin 1664. — Adveu et dénombrement rendus au *roi* par François de Wolbock, vicomte de Limé, y exerçant les droits de haut justicier, et tous autres les plus étendus.

18 juillet 1667. — *Jugement de maintenue* d'ancienne extraction, ordonnant l'inscription des de Wolbock au catalogue des gentilshommes du Royaume (Généralité de Soissons).

Signé : DORRIEU.

Etc., etc., etc,

Branges (vicomté de). — L'on trouve mention des seigneurs de Branges depuis 1118. Du nombre fut Jean Ier de Chastillon d'Harzillemont qui eut vingt-deux enfants, parmi lesquels Jean-Michel de Chastillon, chevalier de Rhodes, grand bailli de Morée, capitaine général des galères de la Religion. Son petit-fils Charles de Chastillon d'Harzillemont, seigneur de Branges en 1560, fut le père de Charlotte de Chastillon qui par son mariage *porte cette seigneurie à Nicolas de Wolbock*, vicomte de Limé (voir Caumartin). Plus tard le territoire de Branges passe à la maison d'Aumale du Mont-Notre-Dame.

Tagnières. — Village dans un site escarpé. L'on remarque une roche naturelle en forme de siège d'où la vue est assez étendue. Elle est connue dans le pays sous le nom de *banc des trois seigneurs*, parce qu'elle forme le point de jonction des trois seigneuries de *Tagnières*, *Mont-Notre-Dame* et *Branges*.

En 1600, Benjamin de Vignoles, seigneur de Tagnières, épouse Marie d'Harzillemont, puis en 1639, le seigneur do Tannières est messire Dieudonné d'Harzillemont, oncle de François de Wolbock.

Fère en Tardenois. — Le château et le parc clos de murailles occupait plus de mille arpents.

Appartint à Pierre Mauclerc, duc de Bretagne, au connétable Gaucher IV de Chastillon, à plusieurs membres de la maison de Chastillon qui se signalèrent par des abolitions de droits féodaux et des œuvres de charité.

Ce domaine passa aux princes d'Orléans.

Loupeigne. — Seigneurie importante voisine de Fère qui avant le XIIIe siècle appartenait déjà à la branche des Chastillon de Bazoches-d'Harzillemont et passa par mariage à *de Wolbock*.

En 1460, le seigneur de Loupeigne était Jean

de Chastillon, d'Harzillemont et de Branges, père de vingt-deux enfants.

Son fils aîné continua les seigneurs de Loupeigne, le deuxième, grand bailli de Morée, fut blessé au siège de Rhodes en 1522.

1515. — Jean II de Chastillon d'Harzillemont, seigneur de Loupeigne et de Branges, capitaine de cent hommes d'armes.

1584. — Nicolas IV, de *Wolbock*, vicomte de Limé, seigneur de *Loupeigne*, de *Branges*, de *Mons* et de *Savigny*.

1617. — Anthoine de *Wolbock*, vicomte de Limé et de *Branges*, seigneur de *Loupeigne*.

Plus tard, cette seigneurie fut partagée entre Wolbock, Chastillon, et d'Aumale du mont Notre-Dame.

Un acte de donation, enregistré à Braine le 10 mars 1617, porte que dame Charlotte de Chastillon d'Harzillemont approuve le mariage de son fils Antoine de Wolbock, *vicomte de Limé*, avec Claude de la Font, en confirme les conditions, lui donne et lui délaisse tout sur les *biens paternels* à lui *jà échus* par la succession de feu seigneur de Wolbock son père, qu'en avancement d'hoirie sur sa succession future, la *terre et seigneurie* de Limé, Branges et Loupeigne, sizs en Tardenois.

C'est ainsi que plus on recherche les origines, plus on trouve la forte trame des Chastillon *unissant* par alliances toute cette contrée du Soissonnais en une même famille. — Le château des connétables de Chastillon à Fère en Tardenois se dressait au centre de tous ces apanages d'une même race. Ses terres joignaient celles de Loupeigne qui après cinq siècles de succession de mâle en mâle passa par mariage ainsi que *Branges*, Courcelles, Mons, Savigny et autres à de *Wolbock*, vicomtes de Limé. (Voir chartes, et rapport au roi par Caumartin.)

Bazoches. — Un des plus anciens villages de l'Ile-de-France.

Donné par le roi de France aux évêques de Soissons; l'un d'eux, saint Loup, y fonda vers 535 un chapitre de 72 clercs.

Les premiers seigneurs laïcs de *Bazoches* furent encore ceux de *Chastillon*.

L'un d'eux ayant donné ce domaine à son puîné, celui-ci fit souche d'une branche qui persista longtemps, puis se fondit en d'Harzillemont et Wolbock.

Ce premier seigneur de Bazoches fut, en 1070, Manassès de Chastillon.

En 1169, nous trouvons *réunis* dans les mains de Nicolas Ier de Chastillon, *Bazoches*, *Villesavoye* et *Loupeigne*.

En 1584, Marie de Chastillon-Bazoches porte cette terre dans la maison d'Aumale du mont Notre-Dame.

Villesavoye. — Était une sorte de dépendance de Bazoches destinée aux puînés de cette branche. — Son nom « ville *scavoir* » lui vient d'une antique collégiale et de divers seigneurs réputés pour leurs goûts d'étude.

Le village de *Longueval* relevait aussi de *Bazoches*. — Les seigneurs comtes de *Longueval* se fondirent en d'Aumale. — L'un d'eux commandant une armée de secours envoyée en Gueldre par le roi de France aux ducs Charles d'Egmont et Guillaume de Clèves y guerroya jusqu'au funeste traité *Venloo* du 7 septembre 1543, qui consommait l'écrasement national par les forces supérieures de Charles-Quint.

Il s'était lié d'amitié avec Nicolas de Wolbock qui, ne voulant pas accepter le joug étranger, rentra en même temps que lui, sur ses domaines de Limé, d'où il retourna encore en Gueldre en

1570, pour règlement d'affaires et de successions. (Chartes, passe ports, partages.)

Courcelles. — Village des plus anciens. Au ve siècle saint Remi qui le possédait en affecta les revenus à l'entretien de l'hôpital des pauvres à Reims.

En 1365, Enguerrand III, de Chastillon d'Harzillemont, seigneur de Courcelles, y fit élever un calvaire et une chapelle qui subsistent encore et furent jadis un lieu de pèlerinage très fréquenté. Ce fut l'accomplissement d'un vœu qu'il avait fait en Palestine ; cette construction est à 400 *pas* de Courcelles, distance, dit-on, égale à celle qui sépare Jérusalem du Calvaire. — Surtout le vendredi saint, une foule considérable s'y rendait même de fort loin.

En 1635, François de Wolbock, et en 1740, Louis-Anthoine de Wolbock, sont seigneurs dudit lieu par héritage, ainsi que le furent plusieurs autres du même nom. — Leur aïeule Agnès de Baudimont, belle-fille du roi Louis le Gros, inhumée à Saint-Yves, avait déjà donné en 1200 des vignes de cette seigneurie à un hôpital. (Chartres et actes authentiques.)

L'Huys et Bruys. — Titre de vicomté. — Les Chastillon d'Harzillemont y fondèrent au

XIIe siècle une *Maladrerie* richement dotée. Au XVIIe siècle un arrêt royal réunit ces biens à ceux de l'hôpital de Château-Thierry à la charge *pour lui* de recevoir les malades de l'Huys, ce qu'il négligea fort, d'après les remontrances nombreuses que je trouve dans nos archives.

1267. — Gaucher de Chastillon d'Harzillemont, seigneur vicomte de l'Huys.

1659. — Anthoine d'Harzillemont vicomte de l'Huys, femme Marguerite-Dieudonné de Tagnières. — Enfants : un fils *Louis-Armand*, qui va suivre, et Marguerite, mariée à François de Wolbock.

1717. — Louis-Armand de Chastillon d'Harzillemont, seigneur vicomte de l'Huys, chambellan de S. A. R. de Lorraine, chevalier de Saint-Michel; fut parrain de son neveu Louis-François-Armand de Wolbock, né à *Jouaignes* en 1724.

Le village de Bruys confine à l'Huys et est comme lui baigné par la *Muze*; formait une seigneurie appartenant aussi, au XVe siècle, à la branche d'Harzillemont de Wolbock.

Les de Chastillon, seigneurs d'Harzillemont, de Branges, de Loupeigne, de Bazoches, de Villesavoye, de Mons, de Savigny, de l'Huys et de Bruys, sont issus de Jean de Loupeigne; Jean II et Pierre de Chastillon d'Harzillemont ; ses descendants furent inhumés au XVe siècle à *Saint-Yves de Braine.*

Leur épitaphe et leurs armes de Chastillon sont conservés à Oxford. Jean III, dont le père est le seigneur déjà cité qui eut 23 enfants, continua la lignée de sa glorieuse maison. François Ier le nomma chevalier de Saint-Michel le jour de son sacre.

Un de ses fils, Guy d'Harzillemont, devint seigneur de Bazoches, de Branges, de Loupeigne, de l'Huys, qui passèrent bientôt dans la maison de Wolbock, en laquelle s'est fondue cette branche illustre des Chastillon sur Marne. Leur dernier rejeton mâle, mortellement blessé, revint mourir en leur château de *Cierges* à l'ombre du donjon de la forteresse de ses pères *près de Fère en Tardenois.*

Jouaignes. — Entre Limé, Loupeigne, le mont Notre-Dame et Fère en Tardenois.

Au *centre* de toutes les seigneuries Chastillon-Wolbock, qui y possédaient là aussi des terres importantes.

En 1724, Louis-Anthoine baron de Wolbock, chevalier de Saint-Louis, marié à Anne de Mercery dont la mère était une Gallowaye, parente de la marquise de Goulaine de ce nom, y faisait baptiser un fils qui devait être le vaillant colonel dont nous avons parlé, et duquel est issu en 1792 le baron de Wolbock, inspecteur général de la maison du roi, bienfaiteur de l'abbaye Saint-Yves de Braine.

(Actes de naissance et de baptême authentiques délivrés par la commune de Jouaignes.)

Nous relevons encore sur les registres officiels de la commune de *Jouaignes* apportés de la paroisse et datés du 14 octobre 1723, la naissance de Marie-Louise-Françoise de Wolbock, baptisée ce jour-là-par son oncle, messire Anthoine de Wolbock de Limé, prieur d'*Espiès*.

C'est elle qui épousa messire de la Prune, marquis de Montbrun en Languedoc, et dont la fille unique, mariée à messire de Martin de Viviès, seigneur de Roquecourbe à Castres, fut l'aïeule de tous les de Viviès contemporains, dont l'aîné, marié à Jeanne de Pins, possède encore et habite son château de Viviès.

Les nombreuses abbayes et maisons religieuses largement dotées par les familles du pays perdirent avec le temps de leur utilité et de leur régularité, mais jusqu'à la fin *restèrent charitables*.

En 1790, le territoire formant actuellement le département de l'Aisne comptait 460 religieux et 115 religieuses seulement, avec un revenu territorial de 1 million 500 mille livres. L'abbaye *Saint-Yves de Braine* n'était plus desservie que par 10 religieux.

N'oublions pas de mentionner l'antique et si célèbre pélerinage de Notre-Dame de Liesse, qui est pour le Soissonnais ce que Sainte-Anne est pour la Bretagne. Louys de Chastillon de Blois, de la branche du duc de Bretagne, mourut en 1566 abbé de ce vénérable sanctuaire, comblé de faveurs par Robert de Chastillon, son parent, évèque et duc de Laon.

Nous avons déjà dit qu'un ancètre de François de Wolbock y fonda un refuge pour les pélerins, et y fut inhumé en 1459.

Les châteaux d'*Eppe* et *de Marchais* près de Liesse sont intimement liés à la si populaire tradition du pèlerinage, dont voici le rapide abrégé.

Les chevaliers d'Eppe et de Marchais prisonniers du Soudan d'Egypte vers 1131, convertirent sa fille Ismerie qui les venait visiter et sur sa demande taillèrent dans un bloc de bois l'image de la Vierge. Menacés de mort, ils se recommandèrent à Dieu et à sa sainte Mère, s'endormirent en paix, puis se réveillèrent miraculeusement transportés sur les terres de Liesse.

Ils y firent ériger le sanctuaire visité depuis lors par des millions de pèlerins humbles ou puissants ; et comblé de richesses royales.

Le prince de Monaco, propriétaire actuel du château de *Marchais,* qui appartint à la maison de Lorraine, l'entretient en artiste et en grand seigneur.

C'est non loin de là que, dernièrement, fut érigée la statue colossale de Eudes de Chastillon, Pape Urbain II, au lieu même où subsistent les vestiges de l'antique château, berceau de sa race.

Eudes ou Odon de Chastillon, pape illustre sous le nom de *Urbain II,* fut un *réformateur* en même temps qu'un ardent promoteur et défenseur de la *suprématie française.*

Il provoqua et prêcha la *première Croisade* à laquelle prirent part de nombreux membres de sa famille, et qui, commandée par Godefroi de Bouillon en 1095, fut la seule qui réussit. Proclamé roi de Jérusalem, Baudoin eut sept successeurs tous Français jusqu'à Guy de Lusignan dépouillé par Saladin après la bataille de Tibériade en 1187.

Le royaume français de Jérusalem avait duré un siècle et les de Chastillon s'y couvrirent de gloire. L'un d'eux, Gervais de Chastillon *de Bazoches*, prince de Galilée, se fit tellement redouter des Sarrasins par ses exploits, qu'étant tombé dans une embuscade et fait prisonnier, ils refusèrent une rançon de *cent mille besants d'or* préférant le faire périr sous les flèches sur la place de Damas. Les chroniques rapportent que Tudequin roi de Syrie fit faire de son crâne une coupe enrichie d'or et de pierreries, dans laquelle il buvait avant les combats pour se pénétrer du courage d'un si vaillant guerrier ! (Albert d'Aix, et chroniques de Jérusalem.)

Urbain II mourut en 1099. Sa statue a été érigée à Chastillon-sur-Marne le 21 juillet 1887 ; au moyen de souscriptions recueillies par un comité sous la présidence de Mgr Langenieux, archevêque de Reims, et de M. Desrouseaux, conseiller général de la Marne. Parmi les membres de ce comité figurait le duc d'Uzès dont un aïeul épousa vers 1780 une des deux filles du dernier duc de Chastillon, l'autre avait épousé un de la Trémoille.

M. de Wolbock répondit aux communications du comité en s'associant à la souscription, et adressant à M. l'abbé Bussenot, chanoine, trésorier de l'œuvre, le bulletin dont voici le texte :

Je soussigné, baron de Wolbock, de la famille de Chastillon, demeurant à Kercado près Carnac (Morbihan), tiens à la disposition de M. le Trésorier du comité de souscription à la statue du pape Saint-Urbain II, la somme de...

Kercado, 8 septembre 1882.

Signé : Baron de Wolbock,
de la famille de Chastillon.

En réponse, M. de Wolbock reçut l'intéressante lettre qui suit :

Archevêché de Reims, 16 septembre 1882,

Monsieur le baron,

Veuillez agréer les sentiments de reconnaissance du comité chargé de l'érection du monument du grand pape Urbain II.

Je voudrais pouvoir, selon votre désir si naturel, vous indiquer exactement l'endroit où reposent les restes mortels, les reliques de ce glorieux pontife, mais cela est impossible; le B. H. Urbain a été inhumé à Saint-Pierre en 1099, *puis* quand on a *refait* la grande basilique, on n'a pas voulu retirer les tombeaux des papes qui s'y trouvaient inhumés. Ils sont donc actuellement *dans les fondations* de Saint-Pierre, *ils portent l'Église.*

Tu es Petrus et super hanc Petram ædificabo ecclesiam meam.

Impossible donc d'avoir aucune relique.

Vous trouverez, monsieur le baron, dans ce pli la photographie du *portrait nimbé d'Urbain II*, elle a été prise d'*après la Mosaïque* du XIIe siècle qui existe à l'oratoire des religieux de *Latran*. Lorsque vous retournerez à Rome demandez à visiter cet oratoire.

Avec l'intérêt si légitime que vous portez à ces questions, permettez moi de vous demander de propager le culte de votre saint compatriote, d'*un saint de votre famille*, dans votre contrée encore si chrétienne.

Le monument commence à s'élever, les premières assises de granit sont arrivées de Bretagne, et bientôt nous verrons la colonne monter dans l'espace.

Monseigneur l'archevêque vous envoie l'une de ses meilleures bénédictions pour vous et votre famille.

Veuillez agréer, monsieur le baron, l'assurance de mes sentiments respectueux.

Signé : BUSSENOT,
Chanoine, secrétaire général de l'archevêché.

Titres portés par la maison de Chastillon :

Princes : de Galilée, de Tibériade, d'Antioche.
Ducs : de Chastillon, de *Bretagne*, de *Gueldres*.

Comtés : de Blois, de Chartres, de Soissons, de Dunois, de *Penthièvre*, de *Porcéan*, d'*Aumale*, de *Braine*, d'Avaugour, etc.

Vicomtes : de Limoges, de *Branges* passé par succession à de Wolbock, de l'Hays, de *Limé* passé à de Wolbock, etc.

Vidames : de Rheims, de Châlons-sur-Marne.

Ducs et vidames : de Laon.

Seigneurs : de *Condé et Limé*, de Fère en Tardenois, de *Bazoches*, de Villesavoir, du *mont Notre-Dame*, de *Harzillemont*, de *Loupeigne* passé par succession à de Wolbock, de *Savigny*, passé à de Wolbock, etc., etc.

Abrégé des services rendus et des alliances avec la maison royale.

Douze alliances avec la Maison de France.

Alliances avec les maisons souveraines d'Espagne, de Lorraine, de *Gueldres*, de Luxembourg.

En France, avec les familles de Saint-Paul, de Nevers, de Vendôme, de Lusignan, d'Albret, de Roucy, de Montmorency, de Coucy, de Béthune, d'Uzès, de Wolbock, de Beaujeu, de la Tour, etc.

Tellement que ceux qui proviennent de cette maison ont l'honneur *d'être issus* de plusieurs rois, princes, ducs et souverains très renommés. De plus, un grand nombre d'empereurs, rois de

France, d'Espagne et d'Angleterre sont descendus des femmes de leur famille.

Urbain II était frère de *Miles de Chastillon*, seigneur *de Bazoches* de la branche de Villesavoir et d'*Harzillemont* fondue en de Wolbock.

En 1186, *Renaud de Chastillon, prince d'Antioche* épousa la petite-fille de Louis le Gros, roi de France. Après de nombreuses victoires, il tomba aux mains de l'ennemi. *Saladin* le paladin des Sarrasins, l'émule de Richard Cœur de Lion, *lui trancha la tète* disant « que lui seul était digne d'ôter la vie à un si noble adversaire, mais trop redoutable pour lui rendre la liberté. »

En 1248, Gaucher IV de Chastillon défendit héroïquement la retraite de saint Louis à La Masoure; criblé de flèches il les arrachait de sa poitrine mais succomba enfin aux pieds de son roi après des prodiges de valeur, âgé de seulement vingt-huit ans.

Yolande de Chastillon sa sœur, dame Archambauld de Bourbon eut plusieurs filles, dont l'une épousa Jean de France, fils de saint Louis ; une autre Charles de France, frère de saint Louis, roi de Sicile, comte d'Anjou, de Provence, etc. ; dont il nous a été donné de vénérer filialement le tombeau dans la féerie surhumaine de mosaïques, d'or, de pierres précieuses, qui s'appelle *Monreale*, proche Palerme.

En 1254, Jean de Chastillon, comte de Blois et de Braine, épousa Alix de Bretagne. Philippe III, roi de France, l'institua éventuellement régent du royaume. De son côté Jean de Chastillon instituait son cousin Nicolas de Chastillon de Bazoches son exécuteur testamentaire.

Ce Nicolas, neveu de Guyon de Chastillon, seigneur de *Villesavoir* et d'*Harzillemont* fondus en de Wolbock.

En 1263, Jeanne de Chastillon, comtesse de Braine, épousa Pierre de France, comte d'Alençon, fils puîné de saint Louis. (V. Duchesne et Anselme.)

En 1299, un Gaucher de Chastillon, choisi pour arbitre, arrangea le différend entre *Jean de Chastillon de Bazoches d'Harzillemont*, son cousin, et les religieux d'Igny, en raison de divers legs intéressant l'abbaye de *Saint-Yves* où ce dernier fut inhumé.

En 1337, Charles de Chastillon, de Blois, duc de *Bretagne*, comte de Penthièvre, par son mariage avec Jeanne de Bretagne, héritière du duché selon le testament de Jean III, duc de Bretagne, confirmé par le roi et le parlement.

En 1341, Jeanne de Chastillon, *dame de Condé et de Limé,* passé depuis à de Wolbock, épousa Jacques de Bourbon, connétable de France, mort d'une blessure reçue à Brignais. Elle est l'AIEULE DIRECTE *de toutes les branches actuelles de la maison de Bourbon.*

En 1383, Louis de Chastillon, fils du duc de Gueldres, épousa Marie de Berry, sa cousine, avec dispense du pape, l'un comme l'autre étant issus du roi Philippe de Valois.

En 1387, Jean de Chastillon de *Bretagne*, oubliant les animosités des guerres passées, épouse Marguerite de Clisson, fille du connétable breton.

1488. — Françoise de Chastillon de Bretagne, en laquelle finit la ligne masculine des Chastillon de Bretagne, épouse Alain d'*Albret*. Leur fils *Henry d'Albret, roi de Navarre,* marié à Marguerite de Valois d'Angoulême, fut le père de Jeanne d'Albret, femme d'Anthoine de Bourbon et mère de Henri IV, le grand roi.

Nous avons abrégé énormément, mais ces notes peuvent facilement servir à trouver les documents historiques établissant qu'au moment actuel tous les princes de la maison de Bourbon descendent en ligne directe :

De Yolande de Chastillon de Bourbon ;

De Jeanne de Chastillon de Condé, mariée à Jacques de Bourbon ;

Et enfin, de Françoise de Chastillon de Bretagne.

Ce sont des faits historiques qui ne doivent pas tomber dans l'oubli.

Extrait du rapport au roi, intitulé : « Recherche de la noblesse de Champagne », *par le sieur de Caumartin, publié en 1673 (grande édition in-folio ; 2 volumes avec écussons en couleur).*

Branche des Chastillon d'Harzillemont, de Bazoches, de Villesavoye, de Châlons, princes de Galilée et de Tibériade. — Guyon de Chastillon d'Harzillemont, seigneur d'Hernicourt-sur-Aisne, grand chambellan de France, capitaine de cent hommes d'armes, grand bailli et gouverneur de Rouen; fils d'un Chastillon, seigneur de Villesavoye et de *Loupeigne*

1450. —Jean d'Harzillemont, seigneur de *Branges* et de *Loupeigne*, eut vingt-deux enfants, dont cinq fils survécurent. L'aîné continua les seigneurs de Branges.

1453. — *Allard* d'Harzillemont, frère du précédent, acquiert par échange de famille toute la seigneurie de *Loupeigne*. En 1457, il fonda l'hospice de Beaurieux, près de Liesse, où il voulut être inhumé.

Un frère des précédents, Michel de Chastillon d'Harzillemont, chevalier de Rhodes, grand bailli de Morée, général des galères et trésorier de son ordre.

1514. — Jean de Chastillon d'Harzillemont, seigneur de *Branges*, de *Loupeigne*, gouverneur du château de Pierrefonds, capitaine de cent hommes d'armes ;

Est créé chevalier de l'ordre du roi à Reims, au sacre de François Ier.

Marié le 26 janvier 1514 avec Madeleine de Pacy.

1536. — Charles de Chastillon d'Harzillemont, seigneur de *Savigny*, de Fresencourt, de Vassière, de *Branges* et de *Loupeigne ;* marié à Marie de Drouart, d'où est issue :

1577. — Charlotte de Chastillon d'Harzillemont, mariée le 12 juin 1577 à Nicolas IV, baron de Wolbock, seigneur du Loo, de Worms, de Valcours, vicomte de Limé, auquel elle apporte la vicomté de Branges, les seigneuries de *Loupeigne*, de *Mons*, de *Savigny*, et de *Courcelles*.

1640. — Antoine de Chastillon d'Harzillemont, vicomte de L'Huys, épousa Charlotte de Creil. Il eut deux filles, l'une mariée à Thomas du Moulin ; l'autre, Marguerite de Chastillon d'Harzillemont, épousa, le 13 juillet 1659, son cousin François III, de Wolbock, chevalier, seigneur de Courcelles, de *Branges*, de *Loupeigne*, de *Mons*, de *Savigny*, vicomte de Limé ; aïeul en ligne directe des de Wolbock contemporains.

Le duc de Parme ayant eu connaissance de certains des documents qui précèdent, disait dans une lettre *adressée au baron de Wolbock*, en date du 19 novembre 1865... « Nous avons des ancêtres communs; cela me fait bien plaisir, car tout ce qui me rappelle que je suis *gentilhomme*, a beaucoup plus de prix que ce qui me rappelle que je suis *prince*.

Au revoir donc, *mon cousin*, et soyez persuadé des sentiments de votre tout dévoué

Signé : CHARLES DE BOURBON.

L'héritier de la royauté traditionnelle et nationale qui créa la patrie française, étant entré dans l'histoire, je reproduis pour la première fois quelques-uns des témoignages d'affection par lesquels il me fortifiait aux heures cruelles de la vie. Cela me décida à de longues recherches, travail de respect filial et de viril enseignement, dont les fragments qui forment ce ***Mémoire*** déjà trop étendu, ne sont qu'une minime partie.

A monsieur le baron de Wolbock.

Venise, 25 mars 1861.

Je reçois, monsieur le baron, la lettre par laquelle vous m'annoncez la perte cruelle que vous venez de faire, et je veux vous dire moi-même la part bien vive que je prends à l'affliction profonde et aux justes regrets de votre piété filiale.

Je connaissais depuis longtemps l'inviolable dévouement et la constante fidélité de votre père. Tous ses sentiments revivent en vous, je vous en félicite et je vous en remercie. Vous trouverez dans le souvenir de la courageuse résignation avec laquelle celui que vous pleurez a supporté de longues souffrances, et dans la pensée de sa mort si chrétienne les seules consolations qui puissent alléger le poids d'une si grande douleur. Soyez dans cette triste circonstance mon interprète auprès de votre mère et de toute votre famille ; et croyez à ma bien sincère affection.

HENRI.

Il s'agissait du décès du baron de Wolbock, l'ancien inspecteur général de la maison du roi.

Frohsdorf, le 26 mai 1861.

C'est du fond de mon âme, monsieur le baron, que je m'associe au nouveau malheur qui vient de vous frapper. (Mort de Mme de Wolbock, née de la Grandière.) Je conçois tout le vide que laisse dans votre cœur une perte si cruelle, mais aux sentiments de la foi et de la résignation chrétienne se joindront ceux de la tendresse paternelle pour vous donner le courage de supporter une épreuve qui met le comble à toutes les autres. Vous vous conserverez par amour pour votre *fils*, afin de protéger son enfance, de surveiller son *éducation*, et de former en lui un digne héritier de votre fidèle dévouement à la *grande cause du droit, qui est véritablement la cause de la France*. Recevez ici, une fois de plus avec l'expression de mes douloureuses sympathies l'assurance de ma bien sincère affection.

HENRI.

Frohsdorf, 16 août 1862.

J'étais loin de penser, monsieur le baron, qu'en quittant *Lucerne où j'ai eu tant de plaisir à vous voir*, une nouvelle et si grande douleur vous attendait dans votre famille. Votre excellente mère, qui vous était devenue en quelque sorte plus chère encore depuis vos malheurs, vient à son tour de vous être enlevée. Vous comptiez sur ses tendres soins pour vos enfants, et elle n'est plus! Soyez bien convaincu que personne ne partage plus vivement que moi votre profonde affliction et vos justes regrets. Dieu sera lui-même, n'en doutez pas, votre consolation, votre lumière et votre soutien. Croyez plus que jamais à ma bien sincère et constante affection.

HENRI.

La vie est un combat, ainsi que l'inscrivait Pie IX en marge du portrait qu'il me donnait, et dans un Bref du 10 octobre 1860;

« *Militia est vita Hominis.* »

Mais avant d'affronter les épreuves, il est bon de suivre la leçon de Tacite :

Ituri in aciem majores et posteros vestros cogitate.

Avec cette pensée, on ne faillira jamais au *devoir,* loi suprême de tous les temps.

L'homme sera armé pour la *lutte*, toujours glorieuse, par le courage et le sacrifice, qu'elle ait pour théâtre les champs de bataille de la *guerre* ou ceux non moins périlleux du *travail*, selon la transformation des siècles.

L'épée ainsi que l'outil sont du fer également noble.

Ils doivent en notre temps ou *tous* nous sommes soldats être tenus par les mêmes mains, pour nourrir *ou* protéger foyer et patrie selon le besoin !

Il faut que le feu de l'âme comme celui de la forge, les transforme instantanément l'un en l'autre selon que l'heure sonne la guerre ou le travail !

Baron de Wolbock.

Kercado, 1890.

A consulter : Bibliothèque Bodléienne à Oxford ; Obituaire de l'abbaye de Saint-Jean des Vignes à

Soissons et de ses bienfaiteurs, manuscrit sur velin du XIVe siècle; Archives de Saint-Yved à Braine; Archives de l'évêché de Soissons; Archives de Limé; Archives du département de l'Aisne; Archives de famille; Archives de la Haye; Archives de l'État, section administrative, R[4] 146; Généralité de Soissons, vicomté de Limé, Chartes, Avœux-contrats de Wolbock;

Caumartin, *Recherches de la noblesse de la Champagne*, édition grand in-folio; écussons en couleur;

Haudiques de Blancourt, *Nobiliaire de Picardie;*

Duchesne, *Histoire de la maison de Chastillon-sur-Marne;*

Dictionnaire historique de l'Aisne, par Melleville;

Monographie de Saint-Yved de Braine par Stanislas Prioux;

Histoire du compromis des nobles par *Te Water*, publié en 1779 (en hollandais);

Armorial général d'Hozier avec armoiries en couleurs, manuscrit de la Bibliothèque nationale; « Wolbock, d'Harzillemont Chastillon » (Soissonnais);

Almanach royal, Maison du roi (1827), Jugemens de maintenue de noblesse rendus par Dorieu pour la généralité de Soissons;

Dom Lobineau, *Histoire de Bretagne ;*

Duchesne-Anselme;

Chroniques, etc., etc.

PARIS. — IMP. P. MOUILLOT, 13, QUAI VOLTAIRE. — 13376.

PARIS. — IMP. P. MOUILLOT, 13, QUAI VOLTAIRE. — 43876

www.ingramcontent.com/pod-product-compliance
Ingram Content Group UK Ltd.
Pitfield, Milton Keynes, MK11 3LW, UK
UKHW021639260726
13994UKWH00003B/1222

9 782329 4764